ÅF451931

L'ISLE DES FOUX,

COMÉDIE

EN DEUX ACTES,

MESLÉE D'ARIETTES;

Parodie de l'Arcifanfano de Goldoni ;

Par Mrs. ANSEAUME & ***.

Représentée pour la première fois par les Comédiens Italiens Ordinaires du Roi, au mois de Décembre 1760.

La Musique est de M. DUNI.

NOUVELLE ÉDITION,
Revue & corrigée.

A

ACTEURS.

FANFOLIN, *Gouverneur de l'Isle des Foux ,*   M. Rochard.

UN OFFICIER *de la Suite de Fanfolin ,*   M. Leclerc.

SORDIDE , *Avare Tuteur de Nicette.*   M. Caillot.

NICETTE, *jeune innocente, aimée de Fanfolin,*   Mlle La Fond.

SPENDRIF , *Prodigue ;*   M. Desbrosses.

FOLLETTE ,
GLORIEUSE, } *Sœurs ;*   { Mme. Favart.
Mlle. Desglands.

BRISEFER , *Faux Brave,*   M. Chanville.

TROUPE DE FOUX ET DE FOLLES.

L'ISLE DES FOUX,

COMÉDIE

EN DEUX ACTES.

'ACTE PREMIER.

SCENE PREMIERE.

FANFOLIN, UN OFFICIER *de sa Suite.*

FANFOLIN.

ARIETTE.

AH ! quel tracas !
Quel embarras !
Ah ! quel martyre !
A chaque pas
Nouveau délire :

Ah ! quel tracas !
Quel embarras !
Une bruyante cohorte
De Foux de toute forte
Sans ceffe affiége ma porte :
Que le diable les emporte.
L'un me pourfuit
Avec grand bruit ;
L'autre me fuit
Et me maudit.
Ah ! quel martyre !
A chaque pas
Nouveau délire :
On n'y tient pas.

Quand j'ai accepté le Gouvernement de cette Ifle, où, par ordre de la République, on renferme les Foux, je ne les croyois pas en fi grand nombre, ni fi difficiles à mener. [*On entend un bruit confus derriere le Théâtre.*] Quoi! je n'aurai pas un moment de relâche ! Je fors de mon Palais pour éviter leurs importunités , & ils viennent me relancer juf-qu'ici! Que demandent-ils enfin ?

L'OFFICIER.

Ils demandent la liberté de retourner chez eux : c'eft une grace que les nouveaux Gouverneurs font dans l'ufage d'accorder à ceux qui , par leur féjour dans cette Ifle , ont recouvré leur bon fens.

FANFOLIN.

Comment s'en affurer ?

L'OFFICIER.

Lorsque, par une conduite sage & tranquille, ils font voir un cœur dégagé des passions qui causoient leur folie.

FANFOLIN.

Je vous entends.

SCENE II.

FANFOLIN, & *sa Suite*, TROUPE DE FOUX.

CHŒUR DE FOUX.

AH ! Monseigneur
Le Gouverneur,
Que votre cœur
A nos desirs soit favorable :
Seigneur aimable,
Seigneur aimable,
Accordez-nous par charité
La liberté.

FANFOLIN.

Si vous parlez tous à la fois, je ne vous entendrai pas. Sortez d'ici tous, & venez l'un après l'autr me conter vos raisons.

[*Ils sortent.*]

FANFOLIN, *à l'Officier.*

Et vous, ayez soin de les contenir, & d'empêcher la cohue.   [*L'Officier sort.*]

FANFOLIN, *à part.*

Si la liberté que ces gens-là me demandent, doit être le prix de leur sagesse, j'ai bien peur qu'ils ne restent ici toute leur vie.

SCENE III.

FANFOLIN, BRISEFER.

FANFOLIN,

Ecoutons d'abord celui-ci. Qui êtes-vous ?

BRISEFER.

Quoi ! Seigneur, vous ne me connoissez pas !

FANFOLIN,

Non, je vous jure.

BRISEFER.

Vous ne me connoissez pas !

ARIETTE.

Je suis la terreur du Monde,
Rien ne résiste à mon bras,
Et ma valeur furibonde
Porte en tous lieux à la ronde
Le ravage & le fracas.

Jamais rien ne m'arrête,
Je brave la tempête,
J'affronte le trépas :
Si le Ciel en éclats
S'écrouloit sur ma tête,
Je ne tremblerois pas.

FANFOLIN.

La République ne connoît donc pas votre mérite, puisqu'elle vous a exilé ici ?

BRISEFER,

La paix dont on y jouit depuis long-tems, rendoit mon courage inutile.

FANFOLIN,

Eh bien ?

BRISEFER.

Ma valeur inquiette ne pouvant demeurer en repos, je m'étois associé avec de jeunes braves comme moi ; & pour passer le tems, nous nous amusions la nuit à dépaver les rues, à casser les lanternes, à faire du tapage dans les Caffés . . . . Oh ! ces petits exercices - là forment bien un Militaire.

FANFOLIN.

Je le crois.

BRISEFER.

Je serois aujourd'hui un Héros, si l'on n'avoit interrompu le cours de mes exploits en me reléguant ici.

FANFOLIN.

Comment vous appellez-vous ?

BRISEFER.

Brifefer.

FANFOLIN.

Brifefer ! j'ai quelque idée de ce nom-là.

BRISEFER.

Oh ! j'étois bien étonné qu'on ne vous eût pas parlé de moi. L'ancien Gouverneur me connoiſſoit très-bien.

FANFOLIN, *tirant un livre.*

C'eſt lui juſtement qui m'a donné des anecdotes ſur votre compte.

BRISEFER.

Elles ſont donc honorables pour moi.

FANFOLIN.

Ariette en *Dialogue.*

Cependant ſur mon Regître
Je ne trouve pas cela.

BRISEFER.	FANFOLIN.
Vous vous trompez de Cha-pitre.	Non, non ; c'eſt votre Cha-pitre.

FANFOLIN

Écoutez-bien ; le voilà.

(*Il lit.*)

» Brifefer eſt un bélitre
» Que par-tout on bernera :
» Dans un bal il rembourſa
» Plus de deux çents croquignoles.

BRISEFER.

Laiſſez-là ces fariboles.

FANFOLIN.

Attendez. » A coup de gaules
» On lui frotta les épaules,
» Et pourtant il ne dit mot :
» Malgré ſon ſabre terrible,
» Il ſouffrit d'un air paiſible
» Qu'on le chaſſât comme un ſot.

BRISEFER.

Bon ! ce brutal étoit ivre ;
Sans cela … j'aurois, ma foi…

FANFOLIN.

Conſultons encor le livre.
        (*Il lit.*)
» Non ; il étoit de ſang-froid.

BRISEFER.

Oh ! bien, c'étoit un grand Seigneur
Que par reſpect… ſi j'ai mémoire…

FANFOLIN.

Écoutez la fin de l'hiſtoire :
» C'étoit un garçon Tailleur.

BRISEFER.

Ne croyez pas ces Mémoires-là. Comptez que
ma valeur, , . .

FANFOLIN.

Je ſçais maintenant à quoi m'en tenir. Je vois
qu'on vous a fait une injuſtice.

BRISEFER.

Sûrement.

FANFOLIN.

La République s'eſt bien trompée ſur votre compte.

BRISEFER.

Oui, je vous en réponds.

FANFOLIN.

Elle vous a cru un homme brave, dont la va-leur avoit beſoin d'être guidée par la raiſon ; c'eſt-pourquoi elle vous a banni pour un tems.

BRISEFER.

C'eſt cela même.

FANFOLIN.

Et vous n'êtes qu'un fanfaron ; adieu : quand vous ſçaurez vous rendre juſtice, je verrai ce qu'on peut faire pour vous.

BRISEFER.

ARIETTE.

Le reſpect retient ma colere,
Sans cela nous verrions beau jeu,
Ah ! corbleu, ventrebleu,
Si l'on tarde à me ſatisfaire,
Je fais main baſſe,
Je caſſe,
Fracaſſe,
Je mets ici tout en morcĕaux ;
Je fais ſauter la maudite Iſle
Où l'on m'exile,
Et je l'abîme dans les flots.

(Il ſort.)

SCENE IV.

FANFOLIN, SORDIDE.

FANFOLIN.

QUELLE eſt cette autre figure pâle qui s'avance ?
Que voulez-vous, bon-homme ?

SORDIDE, *une caſſette ſous ſon bras.*

Monſeigneur, je viens vous demander une grace.

ARIETTE.

Je ſuis un pauvre miſérable,
Rongé de peine & de ſouci.
Je n'ai ni mangé, ni dormi ;
J'ai travaillé comme un diable
Pour amaſſer l'or que voici.

Je ſuis un pauvre miſérable,
Rongé de peine & de ſouci.

Soyez le Gardien ſecourable
Du tréſor que je vous remets.
Hélas ! quels ſeroient mes regrets,
Si par quelque main déteſtable
Un bien ſi cher m'étoit ravi !
J'en ſuis de frayeur tout tranſi.

Je ſuis un pauvre miſérable,
Rongé de peine & de ſouci.

Sans cesse une foule importune,
Pour m'enlever ma fortune,
Me guette en *catimini*;
Jeune, vieille, blonde, brune,
M'appellent leur petit ami :
Oh! l'adresse est admirable!
      (*Il montre sa cassette.*)
Le voilà leur petit ami.

Je suis un pauvre misérable,
Rongé de peine & de souci.

FANFOLIN.

Eh ! que deviendra cette Cassette , si je vous per-
mets de vous en retourner chez vous ?

SORDIDE.

Oh! je ne m'en soucie pas , Seigneur. On ne
sauroit voyager sans qu'il en coûte beaucoup , &
sans être exposé à mille rencontres fâcheuses. Que
sçais-je moi ? si des Pirates venoient attaquer notre
vaisseau & s'emparer de ma Cassette , ma chere
Cassette ! (*Il la baise.*)

FANFOLIN.

Elle est donc bien garnie ?

SORDIDE, *regardant de tous côtes.*

N'en dires rien à personne , il y a deux cent mille
francs en or , & une petite boëte remplie de dia-
mans.

FANFOLIN.

Pour qui gardez-vous ce trésor ? Avez-vous des
enfans ?

SORDIDE.

Le Ciel m'en préserve : je n'ai qu'une pupille dont le pere, en mourant, m'a confié la personne & les biens ; mais je ne veux pas qu'elle se marie.

FANFOLIN.

Et elle en auroit bonne envie ?

SORDIDE.

Elle n'y pense seulement pas. Je l'ai élevée dans une ignorance... Croiriez-vous qu'elle a peur des hommes ?

FANFOLIN.

Elle n'a peut-être jamais vû que vous ?

SORDIDE.

Non, vraiment ; personne n'entre chez moi : & quand je sors, je la tiens enfermée sous la clef.

FANFOLIN.

Bonne précaution ! on ne sauroit se conduire avec plus de prudence ... Adieu, veillez toujours sur votre Cassette.

SORDIDE.

Vous en aurez bien soin, je vous prie.

FANFOLIN.

Elle est en sûreté.

SORDIDE, *s'en va & revient.*

Mais ....

FANFOLIN.

Quoi ?

SORDIDE.

Si quelqu'un alloit vous l'enlever ?

FANFOLIN.

Ne craignez rien, vous dis-je ; je la cacherai dans l'endroit le plus sûr de mon appartement.

SORDIDE, *s'en va en se retournant de tems en tems, & en disant :*

Je suis un pauvre misérable.

FANFOLIN.

Voilà de tous les foux le plus maussade & le plus à plaindre.

SCENE V.

FANFOLIN, SPENDRIF.

SPENDRIF, *se jettant aux genoux de Fanfolin.*

SEIGNEUR, ayez pitié de la misere où je suis réduit.

FANFOLIN.

Que vous est-il arrivé ? Parlez.

SPENDRIF.

ARIETTE.

Pour avoir eu trop de bien ;
A présent je n'ai plus rien :
Quand j'étois dans l'opulence ;
Dans le sein de l'abondance,

Je nageois dans les plaisirs.
Nombre d'amis & d'amies
Prévenoient mes fantaisies,
Et flattoient tous mes desirs.
Attirés par mes richesses,
Dans leurs trompeuses caresses,
Ils m'étrangloient d'amitié :
Quand ils m'ont vû dépouillé,
Ils m'ont quitté sans pitié.

FANFOLIN.

Ainsi va le monde. On se prosterne devant l'idole tant qu'elle est debout ; on la foule aux pieds quand elle est par terre. Mais enfin que puis-je faire pour vous ?

SPENDRIF.

Prêt à retourner dans ma Patrie, où j'ai fait une certaine figure, je voudrois bien avoir de quoi y reparoître avec éclat.

FANFOLIN.

Votre retour n'est pas encore certain ; mais votre malheur me touche : tenez, voilà de l'argent. (*Il lui donne la Cassette de Sordide, & il dit à part :*) Je verrai par l'usage qu'il en fera, s'il mérite que je lui fasse grace entiere.

SPENDRIF.

Ah ! Seigneur, vos bontés passent mon espérance. (*Il s'en va.*)

FANFOLIN, *le rappellant.*

Écoutez, écoutez. (*Spendrif revient.*) Qu'allez-vous faire de cet argent-là ?

SPENDRIF.

Me venger des ingrats qui m'ont abandonné dans
ma mifere, me montrer à leurs yeux plus brillant
que jamais.

FANFOLIN.

Vous n'en ferez part à perfonne?

SPENDRIF.

Je n'aurai garde, je ne veux plus dépenfer fol-
lement pour les autres.

FANFOLIN.

Non ; ce fera pour vous.

SPENDRIF.

Je vas de ce pas louer un hôtel magnifique, com-
mander des habits, des équipages, nombre de va-
lets à ma fuite.

FANFOLIN.

C'eft bien fait, dépenfez, dépenfez ; quand vous
n'aurez plus d'argent, vous viendrez me retrouver ;
entendez-vous ?

SPENDRIF.

Que ferviroit d'avoir du bien, fi l'on ne fçavoit
en faire ufage ?

ARIETTE.

Sçavez-vous pourquoi l'argent
Eft de forme ronde, ronde?
C'eft afin que par le monde
Il roule plus aifément.

Pa

Par une loi toujours sûre,
Chaque chose va son train;
Et c'est forcer la nature
Que d'en changer le destin.

L'onde est faite pour couler,
L'hirondelle pour voler;
L'argent est fait pour rouler.

(Il sort.)

FANFOLIN.

Voilà deux foux bien opposés, un avare & un prodigue. Ce que j'y trouve de singulier, c'est qu'ils sont arrivés au même but par des chemins tout différens.

(Il entend chanter.)

SCENE VI.

FANFOLIN, GLORIEUSE, FOLLETTE.

FANFOLIN.

EN voici d'autres qui me semblent d'un caractere plus joyeux. Ce sont des femmes: oh ! oh ! je m'étonnois aussi de n'en point voir dans l'Isle des Foux.

B

FOLLETTE, *entre en chantant & en sautant.*

ARIETTE.

Malheur à qui soupire !
Je ne veux que chanter & rire.
Vive, vive la belle humeur.

Quand l'allégresse
Ne vient pas du cœur,
Bientôt la tristesse
En détruit la douceur.
Vive, vive la belle humeur.

Si je suis folle,
Oh ! par ma foi,
Combien j'en voi
Qui le sont plus que moi !
Voyez cette momie
Qui jamais n'a ri de sa vie !
Des violons :
Allons, allons ;
Qu'on fasse place, qu'on se range,
Je sens le pied qui me demange :
Eh ! allons, gai, mon mignon,
Dansons un rigaudon.

Eh ! bien, Monsieur le Gouverneur, vous voilà
bien sérieux !

FANFOLIN.

Et vous bien gaie ! il ne paroît pas que vous

vous ennuyez ici. Venez-vous me demander votre départ ?

FOLLETTE.

Non , c'eſt un mari que je veux.

FANFOLIN.

S'il ne faut pour cela que mon conſentement , je vous le donne. Avez-vous fait un choix ?

FOLLETTE.

Oui.

FANFOLIN.

Et peut - on ſçavoir ſur qui vous avez jetté les yeux ?

FOLLETTE.

Sur vous.

FANFOLIN.

Vous me faites en vérité trop d'honneur.

FOLLETTE.

Point du tout ; c'eſt une juſtice que je vous dois: j'ai ſçu que vous vouliez vous marier , j'ai parcouru en idée toutes les Beautés que cette Iſle renferme pour ſçavoir à qui vos vœux pourroient s'adreſſer décemment ; je n'ai trouvé que moi qui fuſſe digne de vous.

FANFOLIN.

L'offre eſt gracieuſe , ſans doute . . . mais . . .

FOLLETTE.

Quoi ? mais ? . . .

B ij

FANFOLIN.

Mais je ne puis en profiter.

FOLLETTE.

Comment !

GLORIEUSE.

Eh ! ma sœur, ne voyez-vous pas que le Seigneur Fanfolin tourne les yeux vers moi ? après cela peut-il songer à vous?

FOLLETTE, *bas à Fanfolin.*

Ne l'écoutez pas, Seigneur : c'est une folle qui croit qu'on ne peut la voir sans l'aimer.

GLORIEUSE.

Mais, cela ne me surprend pas.

ARIETTE, *notée à la fin* N°. 1.

Tout s'empresse autour de moi.
Sçavez-vous pourquoi ?
C'est que je suis charmante :
Ma beauté raviffante
Enchaîne à la fois
Mille Amans sous mes loix.
L'Amour sur mes traces
Conduit les Graces :
C'est à qui me verra :
C'est à qui m'aimera.
On admire
On soupire

Et l'on dit tout bas :
Ah ! qu'elle est charmante !
Ah ! qu'elle a d'appas !
Qu'elle est raviſſante !
Elle enchaîne à la fois
Mille Amans ſous ſes loix.

FOLLETTE.

Eh ! oui, ma ſœur, vous faites des conquêtes ; mais votre bétiſe vous les fait perdre tout auſſi-tôt : il faut de l'eſprit pour les conſerver.

GLORIEUSE.

De l'eſprit, de l'eſprit ! On en a toujours aſſez ; quand on eſt belle.

FOLLETTE.

Vous êtes dans l'erreur.

A RIETTE, notée à la fin N°. 2.

La Beauté ſans l'Eſprit n'eſt rien ;
L'Eſprit rend la laideur aimable :
L'Eſprit ſeul d'un tendre lien
Peut rendre la chaîne durable :
La Beauté ſans l'Eſprit n'eſt rien.

Près d'une belle idiote,
Toujours ſotte,
L'Amour s'endort ;
Mais avec une fille
Dont l'Eſprit brille,
Sautille,

Pétille,

Babille,

C'eſt toujours nouveau tranſport.

Lorſqu'à la mine jolie

L'Eſprit aimable s'allie,

C'eſt le ſouverain bien ;

La Beauté ſans l'Eſprit n'eſt rien.

Qu'en dites-vous, Monſieur le Gouverneur ?

FANFOLIN.

Je dis ... je dis que votre ſœur n'a pas aſſez d'eſ-prit, & que vous en avez trop.

FOLLETTE.

Vous me refuſez donc ?

FANFOLIN.

Pardonnez - moi ; mais je ne ſuis point encore preſſé de me marier.

FOLLETTE.

Une autre que moi vous arracheroit les yeux pour un refus auſſi outrageant ; mais vous y perdrez plus que moi. Adieu, Seigneur Fanfolin ; je ne manque-rai ni d'amis, ni d'amans quand je voudrai.

[*Elle ſort.*]

GLORIEUSE.

Moi, je ne vous en tiens pas quitte. Tôt ou tard vous me rendrez les armes : avant qu'il ſoit peu, je veux vous voir à mes genoux. [*Elle ſort.*]

FANFOLIN.

Si toutes les femmes de cette Iſle reſſemblent à ces deux folles, je paſſerai plutôt ma vie dans le cé-libat que d'en prendre une. Mais que vois-je ? Quelle eſt cette jeune Beauté ? Elle a l'air inquiet.

SCENE VII.

FANFOLIN, NICETTE *entre d'un air timide.*

FANFOLIN.

QU'AVEZ-VOUS ? que cherchez-vous ? ma Belle enfant ?

NICETTE.

Je ne sçais pas.

FANFOLIN.

Vous ne sçavez pas ce que vous cherchez ?

NICETTE.

Excusez-moi ; c'est que je suis si troublée…

FANFOLIN.

Puis-je en sçavoir la cause ?

NICETTE.

Je voudrois parler au Gouverneur.

FANFOLIN.

C'est moi-même : que me voulez-vous ?

NICETTE.

Ah ! Monseigneur, ayez pitié de la pauvre Nicette. Je viens vous demander votre protection contre un maudit Tuteur…. [*Elle regarde de côté & d'autre.*] J'ai toujours peur de le rencontrer.

FANFOLIN.

N'appréhendez rien ; vous êtes en sûreté avec moi.

NICETTE.

Mon pere, en mourant, lui a confié toute ma fortune, & il en a abufé pour me perfécuter. Il y a trois
ans qu'il me tient enfermée : ce matin, en fortant, il a
oublié de fermer la porte, j'en ai profité pour me
fauver.

FANFOLIN.

N'eft-ce pas Sordide qu'il fe nomme ?

NICETTE.

Vous le connoiffez , Monfeigneur ? Ah ! je vous
en prie, ne me remettez pas en fon pouvoir.

FANFOLIN.

Moi, vous remettre entre fes mains : me priver du
plaifir de voir vos appas ! Non , ma Belle Enfant,
non : vous m'avez enflammé dès la premiere vue,
venez avec moi ; mon Palais fera votre afyle.

NICETTE.

Oh ! Monfeigneur !

FANFOLIN.

Vous balancez ! doutez-vous de mon pouvoir ?
Craignez-vous Sordide , quand je prends votre défenfe ?

NICETTE.

Oh ! non ; c'eft vous que je crains.

FANFOLIN.

Vous me craignez , moi qui ne puis m'empêcher
de vous aimer ; moi qui n'afpire qu'au bonheur d'être aimé de vous !

NICETTE.

C'eſt juſtement à cauſe de cela. Sordide m'a dit qu'il falloit ſe défier de tous les hommes, & ne pas les aimer. Oh ! dame ! je lui ai bien obéï ; car je ne pouvois pas le ſouffrir.

FANFOLIN.

Déteſtez Sordide, à la bonne heure : mais moi qui veux vous rendre heureuſe, me haïſſez-vous autant que lui ?

NICETTE.

Hélas ! non, je vous aſſure ; & cependant je ſuis bien plus embarraſſée avec vous qu'avec lui.

FANFOLIN.

Mais du moins levez les yeux, regardez-moi : ai-je l'air d'un trompeur ? Regardez-moi par grace.

NICETTE.

ARIETTE.

Monſeigneur, quand je vous regarde,
Les traits que votre œil me darde,
Me mettent toute hors de moi ;
J'éprouve un je ne ſçais quoi....
Monſeigneur, quand je vous regarde,
 Je me ſens treſſaillir,
  Rougir,
  Palir :
Monſeigneur, laiſſez-moi partir.

(Elle ſort.)

FANFOLIN.

Elle fuit : profitons de ſon trouble, & tâchons de l'attendrir.

ARIETTE.

Dans son cœur,
La Pudeur
'A l'Amour dispute la victoire ;
Mais l'Amour,
En ce jour,
De triompher aura la gloire,
Et ce Dieu, par un trait vainqueur,
Fera taire la Pudeur.

SCENE VIII.

GLORIEUSE, SPENDRIF.

GLORIEUSE.

ARIETTE.

QUEL est donc cet excès d'audace !
Vous m'osez regarder en face !
Baissez les yeux,
Vous ferez mieux.
Vous m'adorez, je puis le croire :
En vérité cette victoire
Fait grand honneur à mes appas !
Adorez-moi, mais en silence :
Éloignez-vous de ma présence ;
Et soupirez si bas, si bas,
Que je ne vous entende pas.

SPENDRIF.

Faites , faites céder votre fierté à l'excès de ma tendreſſe. Pour vous prouver à quel point je vous aime , je viens mettre à vos pieds tout ce que j'ai de richeſſe.   [*Il met une caſſette à ſes pieds.*]

GLORIEUSE.

Hem ! qu'eſt-ce que vous m'offrez-là ? Allez , mon pauvre garçon , tout l'or du Perou ne vaut pas un ſeul de mes charmes ; je veux vous mettre charita-blement à l'abri de leurs coups , & je vous fuis par pitié.   [*Elle s'enfuit.*]

SPENDRIF , *courant après elle.*

Ah ! ſi mon or ne vous ſuffit pas , je vous offre mon ſang & ma vie : je ne vous quitterai pas.

[*Il ſort en laiſſant ſa caſſette ſur le Théâtre.*]

SCENE IX.

SORDIDE , *ſeul.*

TOUTES réflexions faites , je crains que Fanfo-lin n'ait pas aſſez de ſoin du dépôt que je lui ai confié. Les grands Seigneurs ont tant d'affaires , qu'il leur eſt impoſſible de ſonger à tout ; & il en ſeroit quitte pour me dire : Ah ! mon ami , je ne ſçais pas ce que cela eſt devenu , j'en ſuis bien fâché... & moi

je porterai la peine de fa négligence. Il faut.....
[*Il fe heurte contre la caffette.*] Que fens-je-là ? C'eft
une boëte, c'eft.... c'eft.... en croirai-je mes
yeux ?... & oui, c'eft ma caffette. Je vous retrouve
donc, cher tréfor, cher bijou, idole de mon ame :
en quelles mains vous avois-je laiffée ! Ah pardon !
mais cela ne m'arrivera plus ; nous vivrons, nous
mourrons enfemble... Mais où le mettre ? où le
cacher ?... J'apperçois un endroit... au pied de
cet arbre... qui me femble fait exprès... Plus ce
jardin eft fréquenté, moins on devinera que j'y aie
enterré mon argent.

A R I E T T E.

O terre ! voici mon or :
O terre ! fois-moi fidelle ;
Jufqu'à la moindre parcelle,
Conferve bien mon tréfor.

En ce jour je te confie
Ma fortune & mon deftin :
Mon cœur, mon ame, ma vie,
Sont renfermés dans ton fein.

J'entends quelqu'un, faifons femblant de nous
promener.

SCENE X.

SORDIDE, FOLLETTE, & *fa Suite.*

FOLLETTE, *à fa Suite.*

PAIX donc ! il y a une heure que je vois Sordide roder autour de cet arbre, & sûrement ce n'eft pas fans raifon ; je parierois que c'eft fon tréfor qu'il vient d'enterrer là.

[*Sordide fe promene en chantant.*]

FOLLETTE.

Oui, oui, chante, chante ; nous allons bien-tôt te faire danfer. [*A fa Suite.*] Laiffez-moi faire, & fongez à me feconder. [*Elle aborde Sordide.*] Que faites-vous donc là ?

SORDIDE.

Oh ! rien ; je m'amufe à prendre l'air.

FOLLETTE.

C'eft fort bien fait, nous fommes venues auffi dans le même deffein : puifque nous voilà tous enfemble, jouons à quelque jeu.

SORDIDE.

Un homme de mon âge jouer avec vous !

FOLLETTE.

Qu'eft-ce que cela fait ? Un homme de votre âge eft encore très-bien. Il y a quantité de jeunes gens qui ne vous valent pas.

SORDIDE.

Jouez, jouez entre vous ; j'aurai plus de plaifir à vous voir.

FOLLETTE.

Nous ne voulons pas vous gêner. [*A fa Suite.*] Allons, jouons à Colin - Maillard : tenez , je ferai préfent de cette bague à celle qui m'attrappera.

SORDIDE, *à part.*

Pefte ! ce feroit-là une bonne affaire pour moi , fi je pouvois gagner cette bague. [*A Follette.*] Eh ! bien , voulez-vous que j'en fois ?

FOLLETTF.

Volontiers. [*A part.*] Je fçavois bien qu'il don- neroit dans le panneau. [*Haut.*] Tirons au fort pour fçavoir qui fera Colin-Maillard.

SORDIDE.

Sans tirer , je le ferai fi vous voulez : donnez-moi le mouchoir.

[*Pendant qu'on lui bande les yeux, on chante ce Duo.*]

D U O.

SORDIDE.	FOLLETTE.
C'eft l'or feul qui plaît à mes yeux ;	Avec ce bandeau fur les yeux ,
Je me ris du Dieu de Cythère.	On diroit du Dieu de Cythère.
Quand vous auriez la beauté de fa mere ,	Que n'ai-je , hélas ! la beauté de fa mere ?
Je ne vous aimerois pas mieux.	Peut - être je vous plairois mieux,

FOLLETTE.

Hum , le vieux vilain !

SORDIDE.

Hein ?

FOLLETTE.

Je dis que vous penſez très-bien : allons, cherchez.

A R I E T T E, *en Dialogue.*

S O R D I D E, *tâtonnant.*

Eh ! bien, eh ! bien, où donc êtes-vous ?

F O L L E T T E *& les autres.*

Attrappez-nous, attrappez-nous.

SORDIDE.

Je n'y vois goute.

FOLLETTE.

Il ne faut pas y voir.

SORDIDE.

Je n'y vois goute ,
Je crains de cheoir.

F O L L E T T E , *montrant l'endroit où eſt la Caſſette.*

C'eſt ici, ſans doute.
(*A Sordide.*)
Gare le pot au noir.

T O U S, *à Sordide.*

Pot au noir.

SORDIDE.

Je tremble à chaque pas.

FOLLETTE.

Ne nous rebutons pas.
Fouillez encor :
C'est son trésor
Qu'il a mis là.

SORDIDE, *saisissant quelqu'un.*

Ah ! vous voilà.
Ah ! je vous tien.

FOLLETTE, *montrant la Cassette.*

Fou ; je la tien :
Ne disons rien.

LA SUITE DE FOLLETTE, *entourant Sordide.*

Qui ? devinez
Qui vous tenez.

SORDIDE.

C'est Follette.

LA SUITE DE FOLLETTE.

Non ; c'est Finette.
Allons, allons,
Recommençons.

SORDIDE.

Ahi ! je suis las.

LA SUITE DE FOLLETTE.

Allons, allons,
Recommençons.

SORDIDE.

SORDIDE.

Non, je suis las :
Je tremble à chaque pas ;
En marchant à tâtons.

FOLLETTE.

Avez-vous fait ? Oui : bon , partons.

SORDIDE.

A chaque pas je friſſonne ;
Je n'entends plus perſonne.
Follette , Follette :
Perſonne ne répond.
Où ſont-ils donc ?

FOLLETTE.

Tout doucement eſquivons-nous :
Tout doux , tout doux.

SORDIDE, *ôte ſon bandeau.*

Ah ! ma Caſſette !

TOUS , *riant.*

(Ils s'enfuient.)

Nous la tenons.

SORDIDE.

Ah ! les fripons !
Courons après : ah ! les fripons !

(Il les pourſuit.)

Fin du premier Acte.

C

ACTE II.

SCENE PREMIERE.

NICETTE, *seule.*

ARIETTE.

QUELLE affreuse contrainte
Me tourmente en ce jour !
L'espérance & la crainte
M'agitent tour à tour.
Du jeune Amant qui m'engage,
Je crains de perdre l'hommage,
En lui cachant son bonheur.
Peut-être il sera volage,
S'il sçait qu'il est mon vainqueur.
Quelle affreuse contrainte
Me tourmente en ce jour !
L'espérance & la crainte
M'agitent tour à tour.

Fanfolin vient, feignons de dormir : si ses senti-
mens sont aussi sincères qu'il le dit, je pourrai sans
rougir lui faire l'aveu des miens.

SCENE II.

FANFOLIN, NICETTE *dans un fauteuil feignant de dormir.*

FANFOLIN, *à part.*

ENFIN me voilà débarrassé : les importuns qui me persécutent sans cesse, m'ont fait perdre les traces de Nicette. J'ai eu beau la chercher ... Ah! la voici qui repose ... respectons son sommeil ; elle fuiroit peut-être encore, si je l'éveillois.

NICETTE, *à demi-voix.*

ARIETTE.

Hélas !
FANFOLIN.
Son sein s'agite,
Son cœur palpite.
NICETTE.
Hélas !
FANFOLIN.
Je ne me trompe pas ;
Un songe excite
Son embarras ...
Mais son trouble
Redouble ;
Elle parle bas.

NICETTE.

M'aimes-tu comme je t'aime ?

FANFOLIN.

Quelqu'un a touché son cœur ;
Apprenons d'elle-même
Le nom de son vainqueur.

NICETTE.

Fanfolin !

FANFOLIN.

Quel bien suprême !

NICETTE.

Ensemble. { M'aimes-tu comme je t'aime ?

FANFOLIN.

Ah ! Nicette, si je t'aime !..

FANFOLIN, *à part.*

Charmante erreur du sommeil !
Oui, Nicette, je vous adore :
Dormez, rêvez encore.
Amour, suspends son réveil.

NICETTE.

Me feras-tu fidèle ?

FANFOLIN.

Oui, je serai fidèle.

NICETTE.	FANFOLIN.
Me feras-tu fidèle ?	Oui, je serai fidèle.

FANFOLIN, *se jettant aux genoux
de Nicette.*

Oui, Nicette ; je vous adore... Belle Nicette !

NICETTE.

Qui m'appelle ? Ah ! c'eſt vous , Seigneur ! pourquoi vous mettre à mes genoux ?

FANFOLIN.

Je répondois à ce que vous me diſiez tout à l'heure.

NICETTE.

Je dormois , Seigneur ; & quand on dort on ne
ſçait ce que l'on dit , ni ce que l'on fait. Si j'ai dit
quelque choſe qui puiſſe vous déplaire , oubliez...

FANFOLIN.

Moi , l'oublier ! Ah répétez-le plùtôt mille fois.

NICETTE.

Qu'ai-je donc dit ?

FANFOLIN.

En rêvant , vous croyiez me parler : vous m'ai-
miez... vous me le diſiez.

NICETTE, *embarraſſée.*

Je vous aimois ?

FANFOLIN.

Oui , Nicette : mais vous ne me l'avez dit qu'en
ſonge.

NICETTE.

Eh ! n'eſt-ce pas aſſez ?

FANFOLIN.

Non ; mon amour exige un aveu que vous ne puiſ-
ſiez pas démentir.

NICETTE.

Vous m'en demandez trop , laiſſez-moi.

FANFOLIN , *lui baiſe la main.*

Finiſſez donc , j'entends quelqu'un ; je ne veux
pas qu'on nous voye enſemble.

[*Elle ſort.*]

SCENE III.

FANFOLIN, FOLLETTE; SORDIDE, *qui la fuit.*

FANFOLIN.

ENfin, je fuis fûr d'être aimé, l'Amour & la Pudeur m'en ont fait l'aveu. Allons la retrouver : mais ne voilà-t-il pas encore ce maudit avare ?

SORDIDE, *retenant Fanfolin.*

ARIETTE.

Ah ! Monfeigneur , un moment
J'implore votre juftice.
Souffrez-vous qu'on me raviffe
Mon bonheur & mon argent ?

(*A Follette qui rit.*)

Scélérate , coquine ,
Redoute ma fureur.
Que ma main fur ta mine
Frapperoit de bon cœur.

(*A Fanfolin.*)

Monfeigneur , où fuyez-vous ?
J'implore votre juftice.
Voulez-vous que je périffe ?
Je me jette à vos genoux :
Si l'on ne me rend mon or ,
C'eft fait de moi , je fuis mort.

Je vous l'avois confié de la meilleure foi du monde ; & vous n'avez pas daigné en prendre foin.

FANFOLIN.

Qu'en fçavez-vous ?

SORDIDE.

Puifqu'un inftant après je l'ai trouvé par terre.

FANFOLIN, *à part.*

C'eft quelque nouvelle folie de Monfieur Spendrif. (*Haut.*) Eh ! bien.

SORDIDE.

Eh ! bien , elle a trouvé le fecret de l'enlever dans l'endroit où je l'avois caché.

FOLLETTE, *riant.*

Oui , en jouant à Colin-Maillard. Ah , ah , ah.

FANFOLIN.

Si Follette vous l'a pris, qu'elle vous le rende ; je n'y fçais pas autre chofe.

(*Il s'en va.*)

SCENE IV.

FOLLETTE, SORDIDE.

SORDIDE.

AH ! charmante Follette , ayez pitié de moi.

FOLLETTE.

Charmante Folette ! je ne suis donc plus une voleuse , une scélérate ?

SORDIDE.

J'ai eu tort , je l'avoue ; mais je vous en demande mille pardons.

FOLLETTE.

A genoux , tout à l'heure.

SORDIDE.

M'y voilà, Follette, chere Follette , adorable Follette.

FOLLETTE,

De quoi s'agit-il ?

SORDIDE.

Ma Cassette.

FOLLETTE.

Cherchez-la : est-ce que vous me l'avez donnée en garde ?

SORDIDE.

ARIETTE.

Tu ris de mon martyre ;
Rien ne peut t'émouvoir.
Il faut donc que j'expire :
O rage , ô désespoir !

Oui, prends mon sang, cruelle :
Si tu m'ôtes mon bien ;
A ma douleur mortelle
Tu n'ajouteras rien.
Ou si ta main barbare
N'ose trancher mes jours ,
Pour descendre au tartare
J'aurai d'autres secours.

(Il délie la corde qui lui sert de ceinture.)

C'est ma faute aussi ; il est juste que je m'en pu-
nisse.

FOLLETTE.

Qu'allez-vous faire ?

SORDIDE.

Laissez-moi.

FOLLETTE.

Mais encore ?

SORDIDE.

Eh ! laissez-moi , vous dis-je.

FOLLETTE.

Quel funeste dessein ?

SORDIDE.

Rendez-moi mon argent , ou .... laissez-moi me
pendre.

FOLLETTE.

Je vous le rendrai.

SORDIDE.

Tout de bon ? puis-je espérer ? ...

FOLLETTE.

Oui, je vous rendrai votre Cassette ; mais ce n'est
qu'à condition.

SORDIDE.

Vous pouvez ordonner : tout me fera poffible.

FOLLETTE.

ARIETTE.

Pour avoir votre Caffette,
Il s'agit de m'époufer.
Je fuis vive, un peu coquette;
Mais enfin je fuis follette,
Je fçaurai vous amufer.
On en rira : que m'importe ?
A l'Amour qui me tranfporte,
Je me livre fans façon :
A travers votre air mauffade,
Vous avez certaine œillade
Qui fait perdre la raifon.
Du beau monde j'ai l'ufage ;
Après notre mariage
Je vous donnerai le ton :
Laiffez-moi, laiffez-moi faire;
Je veux , de cette maniere ,
Faire d'un loup garou
     Un vrai bijou.

SCENE V.

SORDIDE, *seul.*

Oui, va, je t'épouserai ! tu n'as qu'à t'y attendre. Pour ravoir mon argent, j'aurois promis d'épouser le Diable. Moi, prendre Femme ! moi ! Ah ! parbleu, il faudroit que je fusse bien fou.

ARIETTE, notée à la fin, N°. 3.

La femme est comme la Mer ;
Elle s'appaise, elle gronde :
C'est l'inconstance de l'onde ;
C'est du doux, c'est de l'amer.
Le matin, charmante,
  Élégante,
  Obligeante,
  Caressante,
  Engageante,
Elle fait votre amusement.
Le soir, turbulente,
  Pétulante,
  Chagrinante,
  Désolante,
  Fatigante,
Elle fait votre tourment.
Dans ses goûts elle est extrême ;
Mais l'or est cent fois plus beau ;
Son éclat est toujours nouveau,
Et sa beauté toujours la même.

SCENE VI.

SORDIDE, NICETTE.

NICETTE, *dans l'enfoncement.*

J'AI quitté Fanfolin dans l'espérance qu'il me suivroit : je ne le vois point paroître : il ne m'aime donc pas autant qu'il veut me le faire croire.

SORDIDE, *à part.*

Quand une fois je tiendrai mon argent !... Mais taisons-nous : voici Follette..... Non, vraiment, Me trompé-je ?

ARIETTE.

SORDIDE.

Quoi ! c'est Nicette, ô Ciel !

NICETTE.

C'est mon Tuteur, ô Ciel !

Quel fort cruel !

Ensemble. {

SORDIDE.

Quel fort cruel !

Contre mon ordre févère,

Comment ofez-vous fortir ?

NICETTE.

Je crains peu votre colere ;

Le Gouverneur va venir.

SORDIDE.

Dans ma dépendance

Vous ferez toujours.

NICETTE.

Craignez fa vengeance ;

J'attends fon fecours.

SCENE VII.

FOLLETTE, *les Acteurs précédens.*

FOLLETTE.

Votre main est-elle prête ?
Tenez, voilà votre argent.
Comment donc ! un tête-à-tête !

FOLLETTE.	NICETTE.	SORDIDE.
Ah ! le petit inconstant !	Craignez sa vengeance ;	Dans ma dépendance
Je vous prends en tête-à-tête.	J'attends son secours.	Vous serez toujours.
Ah ! le petit inconstant !	Craignez sa puissance ;	Dans ma dépendance
Je vous y prend.	Au secours ! au secours !	Vous serez toujours.

FOLLETTE.

Inconstant !
Inconstant !
Ah ! le petit inconstant !
Je vous y prend,
Je vous y prend.

SCENE VIII.

SORDIDE, NICETTE, FOLLETTE, L'OFFICIER, FANFOLIN.

QUATUOR.

FANFOLIN.

Q'Entends-je? quel tintamarre!

NICETTE.

C'est ce maudit avare
Qui de mon bien s'empare,
Et veut me renfermer.

FANFOLIN.

Vous n'avez rien à redouter :
Dans mon Palais
Désormais
Vous serez en paix.

FOLLETTE , *à Sordide.*

Ah ! ah ! je vous y prend.
Ah ! petit inconstant !

FANFOLIN , *à Sordide.*

Rendez-lui promptement,
Rendez-lui son argent.

NICETTE , *à Sordide.*

Rendez-moi promptement,
Rendez-moi mon argent.

SORDIDE.

Ah ! quel cruel tourment!
Laissez-moi mon argent.

ENSEMBLE.

FOLLETTE. { Ah ! ah! je vous y prend ,
{ Ah ! petit inconſtant !

NICETTE. { Rendez-moi promptement,
{ Rendez-moi mon argent.

FANFOLIN. { Rendez-lui promptement ,
{ Rendez-lui ſon argent.

SORDIDE. { Ah ! quel cruel tourment !
{ Laiſſez-moi mon argent.

FANFOLIN.

Faites ce que je vous dis , & ne répliquez pas;

SORDIDE.

Je ne l'ai plus ce maudit argent.

FANFOLIN.

Qu'eſt-il donc devenu ?

FOLLETTE.

Le voici , je le rapportois à Sordide qui m'a pro‑
mis de m'épouſer.

FANFOLIN.

Je vous défends de le remettre en d'autres mains
que les miennes. (*Un Officier de Fanfolin lui fait ſi-
gne qu'il veut lui parler..*) Que me voulez-vous ?

L'OFFICIER.

Seigneur , je viens vous avertir du danger qui
vous menace. Briſeſer & Spendrif ſont aux mains
pour ſe diſputer la poſſeſſion de Glorieuſe. Elle ,
pour les mettre d'accord , a promis d'épouſer celui
des deux qui la vengeroit de vos mépris.

FANFOLIN.

Je vais punir ces insolens comme ils le méri-
tent. Demeurez ici jusqu'à mon retour. (*Il lui remet
la Cassette.*) Gardez cette Cassette, & veillez sur
Nicette ; empêchez sur-tout ce vieux reître de lui
faire aucune violence.

SCENE IX.

FOLLETTE, SORDIDE, NICETTE, L'OFFICIER.

SORDIDE.

SUIVEZ-MOI, petite impertinente : vous me rendrez raison de tout ceci.

L'OFFICIER.

Doucement, Monsieur, doucement : vous avez
entendu les ordres du Gouverneur.

SORDIDE.

Monsieur, j'ai sur elle l'autorité que son pere m'a
remise en mourant.

NICETTE.

Vous l'avoit-il donnée pour me tourmenter ? Ne
vous avoit-il pas prié de m'élever jusqu'à ce que je
fusse en âge d'être mariée, & de me remettre alors
l'héritage qu'il m'avoit laissé ?

SORDIDE.

Voilà donc ce qui vous tient ? vous voulez être
mariée ?

NICETTE.

NICETTE.

Ai-je tort, à votre avis ?

SORDIDE.

Eſt-ce ainſi que tu profites des leçons que je t'ai données ? Eh ! bien, va, je t'abandonne à ton malheureux ſort. (*Il s'en va.*)

FOLLETTE, *riant.*

Ah, ah, ah, ah. Vous avez raiſon, ma petite. Je vous approuve très-fort.

NICETTE.

En quoi donc, Madame ?

FOLLETTE.

Il vous faut un mari, & un Gouverneur encore !

NICETTE.

Moi, Madame ?

FOLLETTE *la contrefait.*

Moi, Madame ? & oui, vous ; mais vous n'en êtes pas encore où vous penſez. Ce mariage-là ſouffrira quelque difficulté. Adieu, ma mie ; vous entendrez parler de moi. (*Elle ſort.*)

SCENE X.

NICETTE, FANFOLIN, L'OFFICIER.

NICETTE.

AH ! Seigneur, vous venez à propos pour m'accorder une grace ; c'eſt de me laiſſer retourner dans ma Patrie.

FANFOLIN.

Quelle raiſon avez-vous de me quitter ? Doutez-vous de ma protection ?

D

NICETTE.

C'eft juftement cette protection qui rend mon départ néceffaire. Vos bontés pour moi font tout mon malheur. Sordide eft furieux, Glorieufe eft jaloufe, Follette vient de me railler, & va fe joindre à vos ennemis pour vous traverfer. Brifefer & tous les autres foux me montrent au doigt. Épargnez-moi, je vous prie, ces outrages.

FANFOLIN.

J'ai déja diffipé les cabales ; & mes ordres vont être donnés pour en prévenir les fuites.

       (Il parle à l'oreille de fon Officier.)

L'OFFICIER, *s'en allant.*

Vous allez être obéi.

SCENE XI.

FANFOLIN, NICETTE.

NICETTE.

LEURS plaintes ne font pas tout-à-fait injuftes. Quels font mes droits pour obtenir la préférence fur tant de Belles, qui méritoient mieux que moi le rang où vous voulez m'élever ?

FANFOLIN.

Vous avez tous les droits attachés à la beauté, à la jeuneffe. Ceffez donc de vous oppofer à mes vœux, s'il eft vrai que vous m'aimez.

NICETTE, *tendrement.*

Si je ne vous aimois pas, je ferois bien ingrate.

FANFOLIN.

Vous m'enchantez ; ne perdons point de tems :
venez avec moi, belle Nicette. Pour punir encore
mieux les rebelles, je veux qu'ils foient témoins de
votre triomphe.   (*Ils fortent.*)

SCENE XII.

*(Le Théâtre change & repréfente des loges de foux,
qui crient à travers les barreaux.)*

CHŒUR DE FOUX.

BRISEFER.

Enchaîner ma valeur
    Dans une cage,
    Ah ! quel outrage !
SORDIDE.
Au voleur, au voleur...
    Je ferai fage ;
    De cette cage
Délivrez-moi, Monfieur.
GLORIEUSE.
Une fille d'honneur
    Se voir en cage,
    A ! quel outrage !
J'étouffe de douleur.
SPENDRIF.
La honte & la douleur,
    Dans cette cage,
    Sont mon partage :
J'expire de fureur.

D ij

FOLLETTE.

Monſieur le Gouverneur
N'eſt point en cage !
Ah ! quel dommage !
(*A Fanfolin qui entre.*)
Faïtes-nous cet honneur.

SCENE XIII.

FANFOLIN, NICETTE, CHŒUR DE FOUX.

Suite du Chœur précédent.

BRISEFER, SORDIDE, GLORIEUSE, SPENDRIF.

Hélas ! faites-nous grace.

FOLLETTE.

Il faut à ſa Grandeur
Parmi nous faire place.

Place, place, place, place
A notre Gouverneur.

Enſemble.

LES AUTRES.

Grace, grace,
Monſieur le Gouverneur.

FOLLETTE.

Ce moderne Caton,
Des Sages le modèle,
Devient un Céladon:
Le petit Cupidon
Lui tourne la cervelle.

LES AUTRES.

Hélas ! faites-nous grace.

FOLLETTE.

Il faut à fa Grandeur
Parmi nous faire place.
Place, place, place, place
A notre Gouverneur.

Enfemble. {

LES AUTRES.

Grace, grace, grace, grace,
Monfieur le Gouverneur.

FANFOLIN, *irrité.*

RÉCITATIF.

Non, vous n'aurez point de grace ;
Je punirai votre audace.

FOLLETTE.

Un amoureux caprice
Lui trouble la raifon

LES AUTRES, *à Follette.*

Paix donc, paix donc.

FOLLETTE.

Non, je lui rends juftice ;
Un amoureux caprice
Lui trouble la raifon.

LES AUTRES.

Grace, grace.

FOLLETTE.

Il faut à fa Grandeur
Parmi nous faire place.

Enfemble. {

Place, place, place, place
A notre Gouverneur.

LES AUTRES.

Grace, grace, grace, grace,
Monfieur le Gouverneur.

NICETTE, *à Fanfolin.*

Entendez-vous ce que dit Follette ?

FANFOLIN.

Je fais plus, je trouve qu'elle a raifon. J'apprends par ma propre foibleffe à compatir à celle des autre. J'ai ma folie comme eux : la caufe en eft trop belle pour en rougir ; mais enfin c'en eft une : & s'il y faut renoncer, pour mériter le nom de Sage, je fens qu'il m'eft impoffible d'y parvenir.

NICETTE, *vivement.*

Je fuis donc folle auffi, moi ?

FANFOLIN.

Je n'ai déja plus affez de raifon pour vous répondre là-deffus,

TOUS LES FOUX ENSEMBLE.

Monfeigneur ; grace, grace. Nicette, faites-nous rendre la liberté.

NICETTE.

Cher Fanfolin , ces malheureux me font pitié : accordez-leur ce qu'ils demandent.

FANFOLIN.

Vous allez être obéie. (*A fes Gardes,*) Qu'on les délivre. Rendez à Sordide la Caffette qui lui tient tant au cœur. (*Aux Foux.*) Venez rendre grace à Nicette , & déformais fçachez refpecter mes folies, fi vous voulez que je vous paffe les vôtres. Livrez-vous au plaifir, & que tout célèbre ici mon bonheur.

CHŒUR.

FANFOLIN.

Nous recevons sans cesse
Des Foux de toute espèce,
Dans ce riant séjour ;
    Mais la folie
    La plus jolie
Est celle de l'amour.

NICETTE.

  Si dans ses chaînes
  Il est des peines ,
Les plaisirs ont leur tour.
    Oui, la folie
    La plus jolie
Est celle de l'amour.

SORDIDE.

  Non , la folie
  La plus jolie
Est celle de l'argent.
    Oh ! douce yvresse
    De l'allégresse !
Que mon cœur est content !
    Oui , la folie
    La plus jolie
Est celle de l'argent.

FOLLETTE.

  Non , la folie
  La plus jolie
Est de sauter toujours.
    La douce yvresse
    De l'allégresse
Vaut mieux que les Amours.
    Oui , la folie
    La plus jolie
Est de sauter toujours.

FIN.   **D iv**

Gai. N° 1. *ARIETTE.*

les Gra-ces, les Gra-ces: C'eſt à qui
me ver-ra: C'eſt à qui m'ai-me-ra,
C'eſt à qui m'aime-ra. On ad-mi-re,
On ſou-pi-re, On de-ſi-re, Et
l'on dit tout bas: Ah! qu'elle eſt char-mante!
Ah! qu'elle a d'ap-pas! Qu'elle eſt raviſſante! Elle en-chaine, en-chaine à la

fois Mille A- mans, mille A- mans, mille A-
mans sous ses loix. Et l'on dit tout bas:
Ah! qu'elle est char- mante! Ah! qu'elle a d'appas! Qu'elle est ra-vif- sante! Elle en-
chaîne, en-chaîne à la fois Mille A- mans,
mille A- mans, mille A- mans sous ses loix,
Mille A- mans sous ses loix.

N° 2.   AIR.

LA Beau-té fans l'Ef- prit, fans l'Ef- prit,
n'eft rien, fans l'Ef- prit n'eft rien;
L'Efprit rend la lai- deur ai- mable : L'Ef-
prit feul, d'un tendre li- en Peut rendre
la chaîne du- ra- - - ble,
Peut rendre la chaîne, la chaî- ne
du- ra- ble : La Beauté, la Beau-té fans l'Ef-

prit, sans l'Es- prit n'est rien, sans l'Es- prit
n'est rien. Près d'une belle i- di- o- te,
Toujours sotte, toujours sotte, L'A- mour s'endort, L'A- mour s'en- dort; Mais
avec u-ne fil-le Dont l'Es-prit bril-le,
Dont l'Es-prit bril-le, Sautil-le, Pé- til- le, Babille, Ba- bille, Sautil- le, Pé- til-le, Ba-

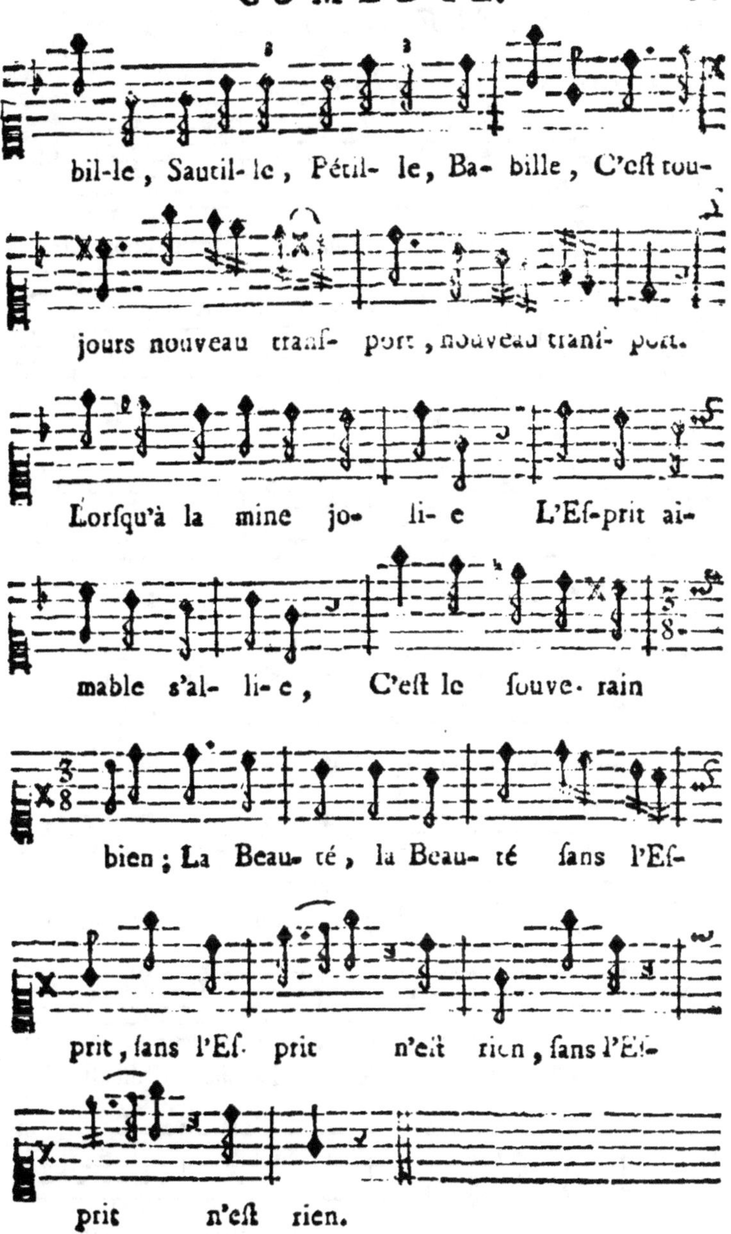
bil-le, Sautil-le, Pétil- le, Ba- bille, C'est tou-
jours nouveau tranf- port, nouveau tranf- port.
Lorfqu'à la mine jo- li- e L'Ef-prit aimable s'al- li- e, C'eft le fouve- rain
bien; La Beau- té, la Beau- té fans l'Ef-
prit, fans l'Ef- prit n'eft rien, fans l'Ef-
prit n'eft rien.

N°. 3.　　　　*AIR.*

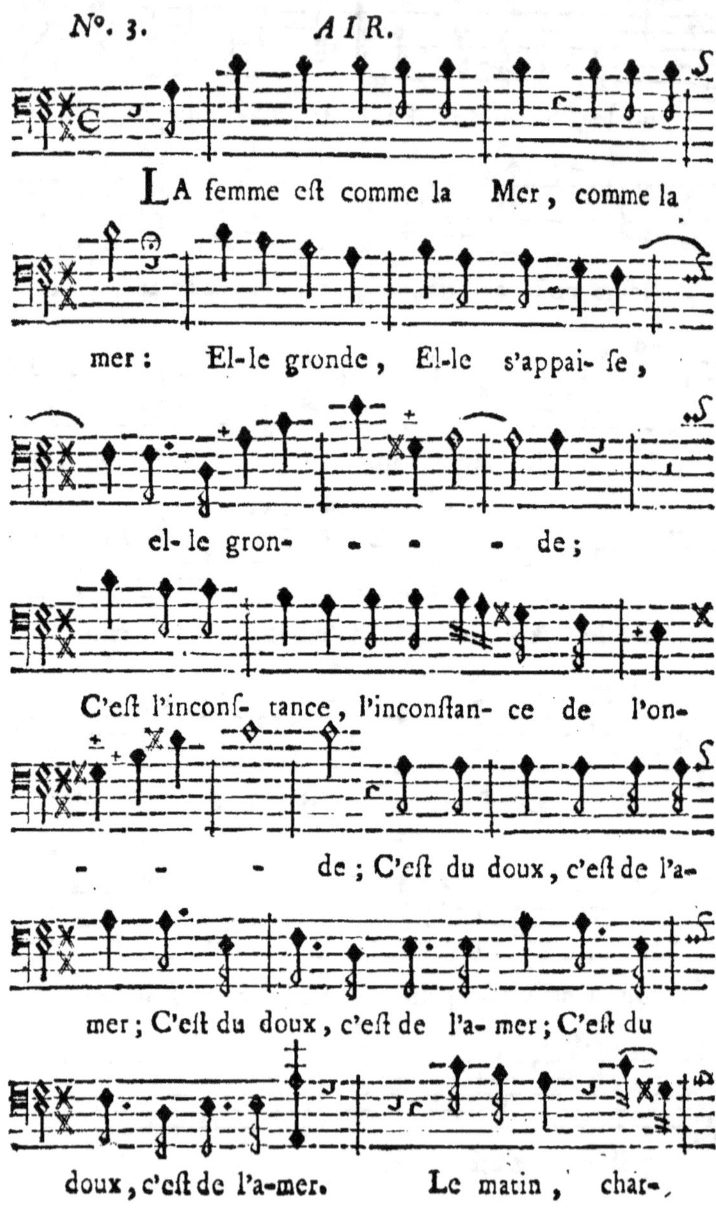
LA femme eſt comme la Mer, comme la
mer : El-le gronde, El-le s'appai-ſe,
el- le gron - - - de ;
C'eſt l'inconſ- tance, l'inconſtan- ce de l'on-
- - - de ; C'eſt du doux, c'eſt de l'a-
mer ; C'eſt du doux, c'eſt de l'a- mer ; C'eſt du
doux, c'eſt de l'a-mer.　　Le matin, char-

mante, E- légante, Ca ref- sante, Obli-
geante, Enga- geante, Elle fait votre amu- se-
ment: Le soir, turbu- lente, Pé- tu-
lante, Chagri- nante, défo- lante, Fatigante, Elle fait vo- tre tourment, vo- tre tourment, vo- tre tour-ment. Dans ses goûts elle est extrême, elle est extrême, extré- me, ex-
tréme: Mais l'or est cent fois plus beau; Son é-

F I N.

Le Privilége & l'Enregistrement se trouvent aux
Oeuvres de l'Auteur.